AF611223

MÉMOIRE
POUR
LES ACQUITTÉS
PAR LE JUGEMENT
DU TRIBUNAL
RÉVOLUTIONNAIRE,
SÉANT A PARIS,

Le 26 Frimaire, an 2e. de la République.

A ANGERS,

De l'Imprimerie de JAHYER et GESLIN, rue Milton.

L'An 3 de la République.

EXTRAITS des Lettres de Carrier, à la Convention Nationale.

CARRIER, à la Convention, en date du 17 Brumaire. « Un » évènement d'un autre genre, semble avoir voulu diminuer » le nombre des Prêtres; quatre-vingt-dix de ceux que nous » désignons sous le nom de réfractaires, étaient enfermés dans » un bateau sur la Loire; j'apprends à l'instant, et la nouvelle » est très-sûre, qu'ils ont péri dans la rivière. *Signé,* CARRIER ».

CARRIER, à la Convention, en date du 20 Frimaire. « Pour-» quoi faut-il que cet évènement ait été accompagné d'un » autre, qui n'est plus d'un genre nouveau? Cinquante-huit » individus, désignés sous le nom de Prêtres réfractaires, » sont arrivés d'Angers à Nantes: aussitôt ils ont été enfermés » dans un bateau sur la Loire. La nuit dernière, ils ont été » engloutis dans cette rivière. Quel torrent révolutionnaire, » que la Loire » !

CARRIER, à la Convention, en date du 30 Frimaire. « La » défaite des Brigands est si complette, que nos postes tuent, » prennent et en amènent à Nantes par centaines. La guillotine » ne peut plus suffire; j'ai pris le parti de les faire fusiller. Ils » se rendent ici et à Angers, par centaines. J'assure à ceux-ci » le même sort qu'aux autres. J'invite mon Collègue Fran-» castel à ne pas s'écarter de *cette salutaire et expéditive* » *méthode. C'est par principe d'humanité, que je purge* » *la terre de la Liberté de ces monstres* ».

APPEL AUX PRINCIPES ET A LA JUSTICE.

Vous qui connûtes les Brigands, et qui fûtes les témoins, que dis-je? les victimes de leur férocité ! vous qui ne vous bornâtes pas à des vœux stériles, mais que le feu du Patriotisme porta au milieu du danger, et qui opposâtes à l'ennemi un rempart de vos corps ! vous, enfin, qui vîtes l'excès des maux qui affligèrent la Patrie ! reportez-vous à ces temps malheureux ; et prononcez.

AU LECTEUR.

Tu ne trouveras point dans ce Mémoire le tableau de nos longues souffrances et des maux que nous éprouvons depuis une année.

Nous ne te dirons pas que le jour même de notre arrestation, on fit afficher une Proclamation dans laquelle on nous peint sous les plus noires couleurs, et par laquelle on encourage, on provoque contre nous des dénonciations.

Nous tairons les menées, les intrigues de nos ennemis, jusque dans l'enceinte du Tribunal qui nous jugea.

Nous n'approfondirons point pourquoi, contre tout usage, on fit afficher notre Acte d'Accusation, où l'on nous prête des crimes qui nous sont absolument étrangers, et qui offre à chaque page des faux matériels enchâssés dans des déclamations toutes plus virulentes et plus atroces les unes que les autres, et qui fut distribué avec la plus grande profusion.

Nous te cacherons enfin, qu'on a été jusqu'à envelopper dans la même proscription, cinq de nos malheureuses épouses qui furent incarcérées, et dont trois sont encore détenues, quoique le Représentant Bô, entendu en déposition, ait dit : Qu'il ne lui avait été fait aucune dénonciation contre elles ; qu'il ne les avait fait arrêter que par mesure de sûreté, et qu'il promit d'écrire pour qu'on les mît en liberté.

Ces détails affecteraient trop ton ame sensible. On croirait que nous cherchons à exciter ta pitié, lorsque nous n'en appellons qu'à ta justice.

MÉMOIRE
POUR LES ACQUITTÉS PAR LE JUGEMENT DU TRIBUNAL RÉVOLUTIONNAIRE DE PARIS,
Le 26 Frimaire, an deuxième de la République.

> Notre situation est tellement malheureuse, qu'en n'obéissant pas, nous devenions criminels ; et parce que nous avons obéi, nous sommes persécutés et dans les fers !

La maxime, *non bis in idem*, (on ne peut être jugé deux fois sur le même fait) fut respectée du temps même des Despotes ; et, loin d'y porter atteinte, nous les vîmes accorder des lettres de grâces, et même de rémissions ou commutations de peines.

La Loi qui établit le Jugement par Jurés, a fait plus. Elle veut, Art. XXVII et XXIX du Tit. VIII : « Que la décision » des Jurés ne puisse jamais être soumise à l'appel ; et si le » Tribunal Criminel qui a la direction de la procédure par » Jurés, est unanimement convaincu que les Jurés se sont » trompés, la Loi le charge d'ordonner un nouvel examen ; » mais seulement dans le cas où la déclaration du Jury est » contre l'Accusé, *et jamais lorsqu'il aura été acquitté.* »

Comment se peut-il donc que les Acquittés par le Jugement du 26 Frimaire, soient renvoyés à un Jury, pour décider s'il y a lieu contre eux à accusation ?

Une discussion qui a duré 61 jours, pendant lesquels 307 Témoins ont été entendus à charge ; qui a présenté des Patriotes sans fortune, et manquant des objets de première nécessité ; n'était-elle pas bien propre à assurer qu'ils n'avaient employé d'autres moyens de séduction auprès des Jurés, que la pureté de leur conscience, et la droiture de leurs intentions ?

Nous le disons hardiment : *C'est en écartant les Loix* dont l'exécution nous était commandée sous les peines les plus rigoureuses ; Loix sur lesquelles nous crûmes de bonne-foi que reposait le salut de la Patrie : c'est en attaquant les mesures ordonnées par le Gouvernement ; c'est en nous compliquant dans une accusation dont les faits ne regardaient que l'Autorité puissante et irrésistible, qui enchaîna, fanatisa nos opinions, força nos actions, et leur imprima le caractère sacré du devoir ; c'est en rejettant sur nous individuellement ou collectivement des actes qui nous sont absolument étrangers ; c'est en nous représentant comme agissant de notre autorité privée, lorsque nous ne fîmes que céder à la Loi qui nous commandait l'obéissance, *sous peine d'être réputés traîtres, coupables de rebellion, et punis de mort ;* (1) c'est en dénaturant tous les faits, en empoisonnant jusqu'à nos moindres actions, en taisant nos démarches, l'excès de nos maux, et l'étendue du danger ; c'est, enfin, en mettant à l'écart tout ce qui pouvait légitimer notre obéissance, et nous montrer tels que nous sommes, qu'on est parvenu à nous créer des crimes.

Pour rendre cette vérité sensible, parcourons successivement les principaux chefs de l'acte d'accusation sur lequel a été rendu le Jugement du 26 Frimaire.

Ils se réduisent à cinq.

---

(1) Le Décret du 2 Septembre 1792, porte textuellement :
« L'Assemblée Nationale décrète que tous les Agens de l'Administra-
» tion ou de la Force publique, qui résisteraient ouvertement au Pouvoir
» Exécutif, (à plus forte raison à un Représentant en mission) en
» refusant d'exécuter les mesures qu'il aurait prises pour la sûreté de
» l'État, seront réputés coupables de rebellion, et punis de mort. »

PREMIER CHEF.

Arrestations.

La Ville de Nantes offre une population d'environ cent mille Habitans. Sa position et son voisinage avec les Révoltés, exigeaient qu'on surveillât ceux dont le Civisme n'était pas prononcé, qui n'avaient pas constamment marqué leur attachement à la Révolution, et qu'on arrêtât ceux notés publiquement d'incivisme. (1)

Elle présentait des Accapareurs, des Agioteurs, des Royalistes, des Fanatiques, des Prêtres insermentés, des Nobles, des pères, mères, frères et soeurs d'Émigrés, ou de Rebelles Vendéens.

Le Peuple y était dans un dénuement entier; le riche égoïste, en triplant le prix des comestibles, en regorgeait, et insultait ainsi à la misère publique.

Pour combler nos maux, la peste et la famine nous menaçaient en même temps, et chaque jour semblait ne paraître que pour nous offrir de nouvelles craintes, de nouveaux dangers.

Des groupes et rassemblemens tumultueux se formaient aux portes des Boulangers. Là, on entendait des malveillans dire au Peuple : « Ce n'est pas ici ; *c'est aux Administrations* » *que vous devez aller demander du pain.* »

Une correspondance soutenue et souvent fatale au succès de nos armes dans la Vendée, en ce qu'elle instruisait les Rebelles des différentes déterminations sur le mouvement de nos Troupes, sortait du sein même de la Cité. Il en sortait des secours en marchandises, munitions et numéraire.

L'alarme était au point que la Municipalité avait ordonné

---

(1) Le Décret du 23 Ventôse, l'an deux, porte : « Que les Comités » Révolutionnaires qui auront laissé en liberté des individus notés d'in- » civisme, *seront destitués et incarcérés.* »

la fermeture en maçonne de tous les soupiraux des caves ; pour empêcher l'effet des mèches inflammables qu'on eût pu y jetter.

Un soulèvement était à craindre dans toutes les prisons. (1) Ceux qui y étaient détenus, refusaient la nourriture, et disaient qu'au premier jour ils dîneraient avec Charrette, l'un des Chefs le plus connu des Révoltés.

Toutes les Administrations avaient été renouvellées, et ses Membres destitués étaient frappés d'arrestation par la Loi.

Il était sorti de Nantes, des pétitions royalistes et fanatiques; nous avions à éviter les maux qui affligeaient Toulon, Marseille, Lyon, et autres Villes insurgées contre la Convention.

Le Représentant du Peuple, *Gilet*, avait dit à l'Administration renouvellée du Département, qui lui communiquait ses craintes, et qui l'a consigné dans le Procès-verbal de sa Séance : « Vous avez un Comité Révolutionnaire ; concertez » avec lui ; il a votre confiance et la nôtre ; il ne doit pas, » dans un instant de péril, craindre d'excéder ses pouvoirs ; » *ils deviennent illimités à raison des circonstances* ».

Ainsi, loin de nous fixer des limites, les Représentans qui voyaient le danger, ne nous présentaient que le devoir impérieux de sauver la Patrie par les moyens les plus prompts. « Ne craignez pas, nous disaient-ils, que jamais la Con» vention vous abandonne : *que vos intentions soient pures* ; » agissez, sauvez la Patrie ».

Une surveillance active fit découvrir et arrêter au poste de Saint-Jacques, des Correspondances, des envois de panaches et assignats, portés aux Rebelles Vendéens.

Il n'y avait plus à se cacher que Nantes contenait des traîtres. Que faire pour les atteindre, pour calmer le Peuple, et faire cesser ses inquiétudes ?

(1) Deux Jugemens ; l'un par la Commission Militaire établie maison Pepin, contre des Détenus aux Saintes-Claires ; l'autre, du Tribunal présidé par Phelippe, contre des Détenus au Bouffé, justifient que ces craintes n'étaient point chimériques, puisqu'elles se réalisèrent.

La Loi du 17 Septembre porte : « Immédiatement après la » publication du présent, tous les gens suspects qui se trou- » vent dans le territoire de la République, et qui sont » encore en liberté, seront mis en état d'arrestation.

» Les Comités Révolutionnaires établis d'après la Loi...... » sont chargés de dresser chacun dans leur arrondissement, » la liste des gens suspects; *de décerner contre eux des » mandats d'arrêts* ». (1)

A cette époque, Carrier était à Nantes, *avec des pouvoirs illimités*, comme Représentant du Peuple en mission; il était là pour donner l'impulsion, fixer la marche, et ordonner les mesures propres à sauver la Patrie.

Il avait formé une Compagnie Révolutionnaire qui prît le nom de Marat; elle était composée de pères de famille connus par leur civisme et leur probité : il lui donna les pouvoirs les plus étendus. (2)

---

(1) C'est ce qui fit dire au Représentant Dubouchet, à la séance du 17 Frimaire : « Que les Comités Révolutionnaires sont des espèces » de Jury, qui ordonnent les arrestations d'après leurs convictions » intimes du fait de suspicion, *dont on ne peut leur demander compte* ».

(2) En voici la copie littérale :

« Les Représentans du Peuple Français, près l'Armée de l'Ouest, » approuvent et confirment la formation de la Compagnie Révolution- » naire, telle qu'elle est organisée, et donnent au Citoyen........ de » ladite Compagnie, le droit de surveillance sur tous les Citoyens » suspects de Nantes, sur les étrangers qui y rentrent et y résident, sur » ceux qui s'y réfugient, sur les Accapareurs de toute espèce, sur tous » ceux qui cherchent à soustraire, à récéler frauduleusement les sub- » sistances, marchandises et denrées de première nécessité.

» Il veillera sur tous les malveillans et ennemis de la République » Française, ou qui auraient déjà commis de pareils délits; il sera » tenu de les dénoncer au Comité de Surveillance à Nantes, à toutes » les Autorités Constituées, en ce qui les concernera; et aux Représen- » tans du Peuple, s'il s'agit d'un complot contre la Liberté Nationale, » ou la sûreté générale de la République.

Carrier appellait hautement la vengeance sur les traîtres, et la surveillance publique sur ceux des gens riches qui ne s'étaient jusques-là montré que contre, ou pas assez en faveur de la Révolution. « A Lyon, disait-il, ils ont enchaîné le Peuple » pour le perdre ; il faut ici les enchaîner pour le sauver ».

Il déclamait sur-tout contre les Accapareurs ; il voyait en eux des ennemis qui, constans dans leur rage aristocratique, avaient, par un surhaussement énorme auquel ils portaient le

---

» Ledit Citoyen. . . . . aura le droit d'arrêter ou faire arrêter » tout individu dont il croira prudent de s'assurer, a la charge de le » conduire de suite au Comité de Surveillance.

» Surveillera, de plus, tous les Conciliabules des ennemis de la » Révolution, et s'attachera à la découverte de toutes les assemblées » appellées Chambres littéraires ; arrêtera, en outre, ou fera arrêter tous » les individus qu'il trouvera assister aux Conciliabules ou Chambres » littéraires.

» Ledit Citoyen. . . . . exercera la surveillance et les pouvoirs » qui lui sont délégués par le présent Arrêté, dans toute l'étendue du » Département de la Loire Inférieure.

» La Force publique obéira sur tout aux réquisitions qui lui seront » adressées, soit au nom de la Compagnie, soit au nom individuel » des Membres qui la composent.

» Aura de même le droit de faire des visites domiciliaires par-tout » où il jugera convenable, dans Nantes et dans l'étendue du Départe- » ment de la Loire Inférieure. Nul individu ne pourra s'y opposer, et » sera tenu, au contraire, d'ouvrir les portes de tous les lieux et appar- » temens où il jugera convenable de porter la surveillance de ses » recherches. En cas de refus, ledit Citoyen. . . . . . demeure autorisé » à faire ouvrir les portes par des gens de l'art, même les faire enfoncer, » s'il y a lieu ; en cas de rebellion, il requerra la Force armée qui » sera tenue de lui prêter obéissance et secours.

» Ceux qui auront opposé la rebellion, seront saisis sur le champ, » et punis comme rebelles à l'exercice de l'Autorité légitime.

» A Nantes, le septième jour de la première Décade du deuxième » mois de l'an deux de la République, une et indivisible ».

Signé, FRANCASTEL et CARRIER.

prix des marchandises de première nécessité, organisé la disette au sein même de l'abondance : « Ils affament, disait-il, » et irritent ainsi le Peuple, parce qu'ils sont d'accord avec » les Brigands et les Puissances coalisées ».

Les arrestations des gens suspects ne lui paraissaient pas suffisamment effectuées ; il voyait encore des Nobles, des parens d'Emigrés, qui étaient libres. « Je veux, disait-il, qu'ils soient » arrêtés. Croyez-vous avoir tout fait, parce que vous avez » atteint les plus mauvais ? Vous avez, dites-vous, fait arrêter » les plus suspects ; mais ils le sont tous aux yeux de la Loi : » c'est à eux à justifier de leur civisme ; et jusques-là mettez- » les en arrestation ; gardez même de vous laisser surprendre » par des actes d'un civisme équivoque ; (1) n'oubliez jamais » que vous êtes dans une Ville remplie, assiégée et entourée » de contre-Révolutionnaires et de Brigands. Marchez ferme, » *et songez que vos têtes me répondent de l'exécution de mes* » *ordres* ».

Que fait le Comité? Il s'entoure des lumières des Membres de toutes les Administrations, et de Commissaires pris dans le sein de la Société Populaire ; il ne fait rien sans s'aider de leurs conseils.

Ce fut ainsi, et écartant toute autre impulsion que celle du désir de faire le bien, de sauver la Chose publique, qu'on rédigea la liste des personnes à incarcérer : liste qui fut partiellement remise à des Commissaires bienveillans, en chaque Section, auxquels on adjoignit des Soldats de la Compagnie Marat, pour exécuter les arrestations, poser les scellés, et

---

(1) Ysabeau, Représentant du Peuple, en mission à Bordeaux, disait dans sa Lettre du 21, lue à la Convention, à la séance du 24 Ventôse, an deux : « Les arrestations continuent, et j'ai pris le parti » de ne plus relâcher aucuns ci-devant Nobles, *même avec les preuves* » *de Patriotisme*, mentionnées dans la Loi du 17 Septembre ; parce que » l'on peut aisément tromper sur ces preuves ».

veiller à ce que tout se fît avec décence, probité et exactitude. (1)

Nous le demandons à tout homme dégagé de prévention : Pouvait-on prendre de plus grandes précautions, pour éviter tout arbitraire ? Les circonstances n'étaient-elles pas vraiment impérieuses ? Etait-il possible de se cacher que Nantes contenait des traîtres, d'après les correspondances que l'on venait de surprendre aux mains de deux de leurs Émissaires ? N'était-ce pas le moment d'effectuer l'arrestation de tous les gens suspects ? Y a-t-il la moindre preuve au procès, que l'on ait fait rien autre chose que de chercher à atteindre les ennemis de la Patrie ? (2)

Sitôt qu'il s'agissait de gens suspects aux termes de la Loi, le Comité pouvait agir seul ; mais il veut éloigner jusqu'au plus léger soupçon ; il s'entoure de Républicains qui, à tous égards, méritaient sa confiance : chacun y fait part de ce qu'il sait ; et toutes les fois que, sur cinquante Membres dont était au moins composée l'Assemblée, il s'élève une réclamation, et trois voix seulement pour l'appuyer ; elle suffit pour qu'on ne porte pas sur la liste celui en faveur duquel elle s'élève. (3)

---

(1) La Compagnie Marat a bien été calomniée. On lui a prêté des vols, des dilapidations, des vexations et des actes de tyrannie en tous genres ; et l'instruction au procès prouve que ce sont autant d'impostures ; que cette Compagnie a mis dans ses actions l'exactitude et l'austère probité de bons et vertueux Républicains.

(2) Quand, par de faux renseignemens, nous avons eu le chagrin d'atteindre quelques bons Citoyens, n'avons-nous pas nous-mêmes sollicité pour qu'on brisât leurs fers ? N'y avons-nous pas mis le plus grand empressement ? Quelles difficultés, entre autres, n'éprouvâmes-nous pas de la part de Carrier, à l'occasion des Citoyens Dubern, Vallée et Geslin ? On peut interroger les Citoyens Ducamp, Boistard et bien d'autres, sur la manière dont Carrier recevait les sollicitations, quoiqu'appuyées de l'avis écrit du Comité.

(3) Le Décret des 13 et 14 Août 1793, vieux style, porte : « Dans les » différens Départemens dont les Administrateurs ont pris des Arrêtés

Dûmes-nous négliger de profiter des renseignemens que nous offrit cette Assemblée, sur des Accapareurs, des Marchands d'argent, des Agioteurs, des proches parens de Chefs de Révoltés; enfin, sur tous ceux qu'on nous présenta comme absolument notés d'incivisme? Pûmes-nous hésiter à ordonner leurs arrestations ? (1)

Aussi, quoiqu'on ait entendu un nombre conséquent de Témoins contre nous, et appellé en déposition ceux que nous avons cru devoir frapper d'arrestation; on n'a pu acquérir aucunes preuves que le Comité, que même nul d'entre nous, ait agi par haîne, ou vengeance particulière.

Et dans une Commune où il était si essentiel de s'assurer des gens suspects, il est de fait, et la représentation des registres tenus dans les différentes maisons d'arrêt, prouvera que, sur une population de près de cent mille ames, les arrestations n'ont pas, dans leur totalité, tombé sur plus de six cens Domiciliés. *Ce sont les Brigands amenés par la Force armée, qui ont produit l'engorgement des prisons.* Ce sont eux seuls qui ont formé cette masse énorme de Pri-

» tendans au Fédéralisme, à la révolte; des délibérations liberticides; » ou donné adhésion à de pareils actes; tous les Citoyens qui ont été » arrêtés et constitués prisonniers en vertu d'ordres émanés de ces Ad- » ministrations, ou de toute Autorité constituée ou non-constituée, » sous quelque dénomination que ce soit, seront sur-le-champ mis en » liberté; et ceux qui, ayant été arrêtés en vertu des délibérations prises » par les Représentans du Peuple, dans ces mêmes Départemens, ont » été depuis élargis par ces Administrateurs, seront réintégrés dans les » maisons d'arrêt. »

(1) Cela se faisait à la fin de Brumaire et aux premiers jours de Frimaire; mais depuis que la Loi du 14 Frimaire a été connue, il n'a été fait aucunes arrestations, que d'après des ordres précis des Représentans, ou d'après les dispositions textuelles des Loix, ou sur des dénonciations positives; et l'on a eu la plus grande exactitude à faire, aux termes de cette Loi, le dépôt des pièces au Secrétariat de l'Administration du District, dans les 24 heures de l'arrestation. Le registre des dépôts existe, tant au District qu'au Comité.

sonniers, qu'on a l'injustice de présenter comme l'effet d'arrestations faites par ordre du Comité.

Lorsque Carrier donna l'ordre de faire incarcérer tous les Acheteurs et Revendeurs de denrées de première nécessité, tous les Courtiers et Interprêtes sans exception ; ce qui pouvait s'appliquer à dix mille Citoyens au moins, et laissait le plus grand arbitraire ; que fit-on ? Le Comité se borna à faire arrêter ceux des Marchands ou Acheteurs dénoncés comme les plus coupables, et qui joignaient à la transgression de la Loi du *Maximum*, la réputation d'être d'un civisme plus qu'équivoque ; et l'arrestation frappa à peine sur soixante Citoyens.

Lors de l'exécution de la Loi qui éloigne les ci-devant Nobles de Nantes, comme Ville maritime ; le Comité leur a délivré plus de trois cens passes.

Les arrestations n'ont donc pas été telles qu'on les représente.

DEUXIÈME CHEF.

LISTES DE PROSCRIPTIONS.

IL avait été découvert un complot formé par les Prisonniers, dans la maison du Bouffé. Ces Prisonniers avaient fait de fausses clefs, à l'aide desquelles ils devaient effectuer leur évasion, forcer la geole, s'emparer des armes ; tandis que les plus hardis Brigands et les plus décidés contre-Révolutionnaires, avec qui le coup avait été concerté, se seraient portés au poste du Bouffé, pour y désarmer et égorger les Citoyens de garde ; de là, ils devaient mettre le feu aux maisons de bois de la Poissonnerie ; aller aux Stes. Claires et dans les autres maisons d'arrêt ; délivrer également les Prisonniers ; égorger les Citoyens de garde à ces différens postes ; se saisir par-tout des armes, et se porter aux barrières ; ouvrir les portes aux Brigands ; *s'emparer des Représentans du Peuple et de tous les Administrateurs ; et marquer le lieu de leur passage par le meurtre et l'incendie.* Les Chefs de cette conspiration ont été jugés par le Tribunal que présidait notre Dénonciateur Phelippe, qui l'a déclaré dans son Mémoire imprimé. (1)

Dans ses déclarations au procès, Carrier a dit qu'il crut, d'après les explications qui eurent lieu dans la Séance publique des Corps Administratifs, du 14 Frimaire, devoir former *une Commission qu'il a qualifiée de Jury National.* Il annonça qu'il voulait donner un grand exemple ; que la Ville était menacée d'une nouvelle et prochaine attaque. (2)

Depuis long-tems les Brigands assassinaient, torturaient les Patriotes, et faisaient fusiller sans pitié leurs Prisonniers. *On a vu des Patriotes enterrés tous vivans, d'autres cloués aux portes de leurs maisons, ou entassés vivans, par centaines, dans des puits.* (3)

Carrier déclama avec force contre les Rebelles. « La peste se » fait sentir, nous dit-il, dans les prisons ; il est à craindre » que bientôt elle ne se répande dans toute la Ville ; les ordres » du Comité de Salut Public, et les Décrets de la Convention, » sont d'exterminer tous les Brigands. Vous exposerai-je à périr » pour les ménager? Cet exemple en imposera aux malveillans et » aux Communes de la rive droite, où des révoltes partielles (connues aujourd'hui sous le nom de Chouannerie) « nous

(1) Carrier en instruisit la Convention. Voyez le rapport fait par le Comité de Salut Public, à la Séance du 25 Frimaire, an 2me.

(2) Effectivement les Brigands avaient, le 13 Frimaire, attaqué Angers, où ils éprouvèrent ce que peuvent, contre des Rebelles, le courage et l'amour de la Patrie. Mais le 14 on ignorait à Nantes ce qui venait de se passer à Angers ; on ne l'apprit encore imparfaitement que le 15. Les craintes n'étaient donc pas imaginaires ; ils pouvaient aussi bien se porter sur Nantes que sur Angers, même sur les deux à-la-fois.

(3) Il est des Brigands qui poussèrent la férocité au point d'écorcher vifs, d'arracher les yeux, mutiler nos Frères d'armes, et les laisser expirer en cet état.

» menacent d'une Vendée nouvelle». Enfin, il l'ordonna au nom du salut de la Patrie. Tous les Brigands et les Conspirateurs devaient être fusillés le lendemain 15 Frimaire; et il défendit d'en épargner un seul. (1)

Carrier ne quitta l'Assemblée, que quand on eut nommé deux Membres de chaque Administration de Département et de District, quatre de la Municipalité, et des Commissaires de la Société Populaire, pour se rendre de suite au Bureau du Comité, et travailler, sans désemparer, à la confection d'une liste sur laquelle cette expédition terrible devait s'effectuer (2).

Si l'ordre de fusillade fût seulement signé de trois Membres du Comité, c'est que ceux qui formèrent cette Assemblée, demeurèrent d'accord que c'était à eux particulièrement que les Loix confiaient l'exécution des mesures révolutionnaires. Il n'en est pas moins vrai, au fond, que cet ordre ne fut que l'exécution de ceux donnés par Carrier, lors de la séance du 14 Frimaire; et que les listes étaient absolument l'ouvrage de la Commission nommée par Carrier; qu'ainsi le Comité n'y est absolument pour rien.

De même qu'on ne peut pas opposer aux Administrations de Département, District et Municipalité, que quelques-uns

---

(1) C'est d'après ces principes qu'il écrit à la Convention Nationale, dans le même mois de Frimaire : « Citoyens mes Collègues, vous avez » décrété qu'il n'existait plus de Vendée; vous décréterez bientôt qu'il » n'existe plus un seul Brigand. A l'instant, j'ai pris les mesures les » plus promptes et les plus efficaces.... *J'en ai fait part au Comité* » *de Salut Public.* » Il termine par ces mots : « Vive! vive la Répu- » blique! Encore quelques jours; et il n'existera pas un seul Brigand » sur les deux rives de la Loire. »

(2) Les Membres des Administrations avaient tous individuellement voix délibérative au Comité. Telles étaient les volontés écrites des Représentans. Aussi y délibérèrent-ils chaque jour; et cela était bien important dans des momens on ne peut plus critiques, et où les mesures de sûreté publique pouvaient être aisément taxées d'arbitraires.

de leurs Membres ayent assisté à la séance dans laquelle ces listes et cet ordre ont été rédigés ; de même le Comité Révolutionnaire, qui a poussé les premiers cris de réclamations, ne peut être recherché sur ce que quelques-uns de ses Membres y ont concouru. Prenons un autre chef d'accusation.

TROISIÈME CHEF.

FUSILLADES.

CE qui avait donné matière à ce chef, c'est l'ordre de fusillade, du 15 Frimaire, signé de trois Membres du Comité.

Phelippe, le Dénonciateur du Comité, dans son mémoire, l'a donné sous la date du 5 Frimaire, pour en faire l'application aux quatre-vingt-quatorze partis de Nantes le 7 du même mois; et il en a été quitte pour dire que c'était une faute d'impression. Mais peut-on en être dupe, lorsque le Mémoire porte que le Comité Révolutionnaire avait donné l'ordre de fusiller les quatre-vingt-quatorze Nantais; et que, pour le prouver, on copie l'ordre de fusillade, sous la fausse date du 5 Frimaire? Ne voit-on pas là absolument un fait exprès, un mensonge, un des moyens ordinaires de Phelippe?

Cet ordre avait été livré à Boivin, dans la nuit du 14 au 15 Frimaire; mais il a été rétracté; et nous venons de voir sur le chef précédent, qu'il n'était pas l'ouvrage du Comité qui même a réclamé contre, dès qu'il en a eu connaissance.

Par ailleurs, il est demeuré constant au procès, que toutes les fusillades qui ont eu lieu à Nantes, ont été faites, soit par des ordres directement émanés du Représentant Carrier, soit aux fins de Jugemens de la Commission Militaire, sans que le Comité y ait pris une part quelconque. Ainsi, allons à un autre chef.

QUATRIÈME CHEF.

NOYADES.

CARRIER livra, le 16 Frimaire, à Lamberty, Adjudant-Général, un ordre secret pour opérer des noyades. Fidelle observateur des conseils que lui donnait Hérault-Séchelles, il tourna cet ordre de la manière la plus insignifiante, quant à son objet. Il y donne le droit de requérir, et ordonne à tout Citoyen et Force armée, d'obéir aux ordres que donnera Lamberty, pour expédition secrette; et défend à qui que ce soit de mettre la moindre entrave aux opérations qu'elle pourra nécessiter (1).

(1) Voici la copie de la Lettre de Hérault-Séchelles à Carrier :

Paris, 29 Septembre 1793, l'an 2 de la République Française.

« Voilà comme on marche, mon bon ami. Courage ! digne Républicain ! Je viens de recevoir ta Lettre, et au même instant je l'ai lue » au Comité de Salut Public, qui l'a entendue avec une vive satisfac- » tion. Nous serions bien heureux ; la République serait vigoureuse et » florissante, s'il y avait par-tout des Commissaires aussi énergiques » que toi et ton Collègue. Tu dois être à Nantes, si ta santé te l'a » permis. Nous te conjurons d'y aller sur-le-champ. Nous t'envoyons » un Arrêté qui te presse de purger cette Ville, qui est de la der- » nière importance. L'Anglais menace nos ports, nos frontières ; nous » avons lieu de craindre pour Brest. Il y a déjà des Commissaires. Fais-y » veiller de ton côté le plus que tu pourras. Il faut sans rémission évacuer, » renfermer tout individu suspect. La Liberté ne compose pas. Nous » pourrons être humains, quand nous serons assurés d'être vainqueurs. » L'intention du Comité, est que tu ailles, avec ton Collègue, ou seul, » de Rennes à Nantes, de Nantes à Rennes, etc. etc. Le caractère » de la Représentation Nationale se déploie avec bien plus de force » et d'empire, quand les Représentans ne séjournent pas dans un en- » droit ; quand ils n'ont pas le temps de multiplier leurs relations, leurs » connaissances ; *quand ils frappent, en passant, de grands coups ;*

Ainsi, Lamberty pouvait dire au Comité : J'ai besoin de bateaux, de Charpentiers, de Mariniers, etc. ; donnez des réquisitoires en conséquence. Et si on eût voulu lui demander pourquoi ; il n'avait qu'à répondre : C'est pour des opérations secrettes dont je ne dois compte qu'au Représentant.

Nous pourrions donc avoir donné des réquisitoires, sur la demande même de Lamberty, sans qu'on pût en couclurre que nous sommes les co-ordonnateurs des noyades. *Mais il est de fait que Lamberty n'a jamais eu la plus légère relation avec le Comité Révolutionnaire*, ni avec la Compagnie Marat. Voici comment ont été délivrés les réquisitoires donnés à Colas et Affilé.

Carrier donne, le 17 Frimaire, un rendez-vous à Colas ; Lieutenant de Port, qu'il charge d'y faire trouver Affilé, Charpentier de navire ; et ce rendez-vous est au Comité Révolutionnaire.

Ne croyez pas que Carrier nous communique ses intentions. Il ne nous croit pas assez Révolutionnaires. La séance du 15 au matin, la non-exécution de la fusillade, lui avaient singulièrement déplu. Il craint même de nous confier son secret. Il passe avec Colas et Affilé, dans une chambre séparée du Bureau du Comité ; il concerte avec eux, fait appeller Goullin, leur donne ses ordres ; il rentre ensuite au Bureau du Comité, ne nous dit rien de ce qu'il veut faire, et ordonne à Goullin de rédiger des réquisitoires. Carrier reste là jusqu'à ce que les ordres soient signés et délivrés ; en sorte que les

---

» *et qu'ils en laissent (sauf à la suivre) la responsabilité sur ceux qui*
» *sont chargés d'exécuter*. Adieu, mon ami ; je t'embrasse. Toutes les
» fois que tu voudras bien m'écrire, compte sur ma diligence à te re-
» mercier et à te répondre. Nous te recommandons de destituer bien
» vite, à Nantes et ailleurs, les Administrateurs Fédéralistes, contre-
» révolutionnaires, etc.

» Salut, Amitié, Fraternité. Mille amitiés au bon Patriote Pocholle ».

Signé, HÉRAULT-SÉCHELLES.

signataires n'agissaient ni librement, ni avec connaissance de cause.

Eh bien ! voilà les seuls actes par lesquels on prétend établir que le Comité est le complice de Carrier sur les noyades ! Carrier se fût donc bien cruellement créé des complices ; car nous le serions devenus sans le savoir, et sans qu'il y eût de notre part aucune volonté ; ce qui était cependant nécessaire pour que nous le fussions.

La présomption fut toujours en faveur de l'Accusé. Or, d'après les circonstances dans lesquelles se sont donnés les réquisitoires ; d'après la tournure de ces actes qui n'expliquent rien ; ne voit-on pas au moins qu'il soit très-possible que les Membres du Comité en ignorassent l'objet ? Ils affirment formellement qu'ils l'ignoraient ; Pourquoi donc insister à prétendre qu'ils le sussent ? Le Comité pouvait-il entrer dans le détail de tout ce qui était essentiel à la sûreté de la Cité, pour la partie maritime ?

Boivin, Commandant de la Place, lorsqu'il permit à Lamberty de relever la Garde qui était sur les galiotes, ne le fit que d'après les ordres de Carrier. Ces galiotes étaient des prisons flottantes, qui existaient avant l'arrivée de Carrier, avant même l'existence du Comité, et ont existé long-temps après les noyades, comme prisons (1).

Prétendra-t-on que Boivin, par cette permission donnée à Lamberty, s'est rendu le complice de Carrier, en permettant de relever une Garde qui eût sûrement fait respecter les Prisonniers qui, faute de cette Garde, se trouvaient livrés à la discrétion de Lamberty ? Non ; parce que Boivin peut dire : J'ignorais quel fut l'objet de l'ordre que me donnait Carrier. C'était un Représentant du Peuple en mission ; j'ai dû lui obéir. Carrier ne m'avait-il pas dit, lorsque je lui parlai des noyades : « Voudrais-tu t'opposer aux mesures qui me sont

(1) Il est de fait que c'est Carrier qui a fait faire, à Nantes, toutes les noyades ; qu'il n'y en a point eu avant l'arrivée, ni après le rappel de Carrier ; *pas même depuis le vingt-huit Nivôse*,

» ordonnées par le Comité de Salut Public ? Serais-tu un » contre-Révolutionnaire » ?

Or, ce que dirait Boivin, ne s'applique-t-il pas au Comité qui, comme lui, n'a fait que donner des réquisitoires exigés par Carrier, et dont ce dernier seul a pu se reprocher le crime, puisque lui seul en a abusé ?

D'ailleurs, pouvions-nous nous opposer à l'exécution d'une volonté irrésistible, émanée de celui que la Convention avait investi de pouvoirs illimités, et qui sans doute avait une autorité au-dessus de l'ancien Pouvoir Exécutif, à qui cependant la Loi du 2 Septembre ordonnait d'obéir, sous peine, contre ceux qui refuseraient d'exécuter les mesures de sûreté, d'être réputés coupables de rebellion, et punis de mort ?

D'abord, pourquoi s'adresser à nous plus particulièrement qu'aux autres Autorités Constituées ? Ensuite, de quelle utilité eussent été notre opposition, notre énergie ? La Garde Nationale, requise par Fouquet et Lamberty, assistait et prêtait la main à ces terribles expéditions. Le fleuve de la Loire nous offrait le spectacle continuel de cadavres noyés, descendant de Saumur, Angers et Châteaugontier. Les Papiers-Nouvelles, les Bulletins même de la Convention, nous en transmettaient le récit. Le Peuple était enfiévré, fanatisé ; craignait pour lui-même. Douze cens pères de famille étaient morts empestés, à la descente des Gardes ; la Commission Militaire établie à l'Entrepôt, a failli d'y périr toute entière. Il est prouvé que l'Accusateur Public près cette Commission, s'étant opposé aux extractions que faisait Lamberty, ce dernier lui représenta les pouvoirs qu'il tenait de Carrier ; qu'il fallut se taire ; que la Commission Militaire n'osa même pas en parler à Carrier. Enfin, il est prouvé que Carrier manda à ce sujet le Président de la Commission Militaire, qu'il reçut avec une telle dureté, que ce malheureux en est mort de saisissement. « Eh bien ! vieux J... f..... ! puisque tu veux » juger, juge donc ; mais si l'Entrepôt n'est pas vide sous » deux heures, je vous fais tous guillotiner. »

Dites-le maintenant : Que pouvions-nous faire? Tout se passait loin de nous et sans notre participation. Devions-nous jamais croire qu'on tenterait un jour de nous en faire un crime?

C'est encore Carrier qui a fait noyer les Prêtres par Fouquet et Lamberty, et qui a ensuite écrit à la Convention, pour lui en donner connaissance. Voyez ses lettres des 17 Brumaire, 20 et 30 Frimaire, page 2.

C'est donc faussement qu'on attribue le tout, et au Comité Révolutionnaire, et à la Compagnie Marat; puisque ni l'un ni l'autre n'y ont participé, ni directement, ni indirectement.

Après les plus grandes tergiversations, Carrier a enfin été forcé de convenir que la noyade des cent vingt-neuf Détenus extraits de la maison du Bouffé, dans la nuit du 24 au 25 Frimaire, s'est effectuée d'après des ordres secrets par lui donnés à Goullin. (1)

Les Membres du Comité ont tous affirmé qu'ils n'avaient jamais entendu donner des ordres pour une noyade ; qu'ils

---

(1) Quelle différence de Carrier en mission à Nantes ! ou de Carrier placé sur le banc, au rang des Accusés ! Il n'a point eu cette énergie ; on n'a point vu sur son front cette sérénité ; il n'a point tenu le langage de l'homme qui, appellé pour rendre compte d'une mission importante, ne trouve rien dans son cœur, qui lui dise : « Tes intentions cessèrent » un instant d'être pures ; » et qui y trouve, au contraire, gravé en caractères de feu : « Tu as pu te tromper ; mais tes vœux, tes déter- » minations eurent pour objet unique le salut public. » Il n'a point déployé cette franchise, compagne fidelle de l'homme juste. Il s'est défendu avec l'arme du crime. Il a contesté les faits les plus évidemment prouvés. Ce n'est qu'au moment où on lui a opposé la lettre de Hérault-Séchelles, au moment où l'indignation était à son comble, au moment où des preuves multipliées dévoilaient ses étonnans mensonges, qu'il a promis de dire la vérité. *Oui*, enfin, a-t-il dit d'une voix éteinte, *j'ai donné cet ordre ;* (Il était question de la noyade du Bouffé.) *et toutes les mesures révolutionnaires qui ont été exécutées à Nantes, l'ont été par mes ordres.* Le Président du Tribunal lui fit même répéter cette déclaration.

n'avaient point connaissance de ceux donnés par Carrier; autrement que pour un simple transférement de Prisonniers.

Les Soldats de la Compagnie Marat, et les Citoyens de garde, qui escortèrent les Détenus, ont assuré qu'ils ne virent et ne crurent aussi effectuer qu'un simple transférement de Prisonniers.

Ils y étaient, les uns et les autres, comme Force armée, et seulement pour la conduite des Prisonniers : ils ne montèrent sur la gabarre que pour y rendre à bord les Prisonniers ; et si quelques-uns d'eux sont restés sur cette gabarre, c'est que Affilé demanda qu'ils y restassent, et que Grandmaison qui y était monté dès le principe, leur donna des ordres exprès d'y rester, et même en fit remonter quelques-uns.

Ce fut Affilé et les Mariniers, ainsi qne les Charpentiers qu'il avait requis pour lui aider, qui descendirent les Détenus, et qui firent couler la gabarre ; de sorte que la Force armée ne fut absolument que spectatrice, et plusieurs même d'entre eux manquèrent de périr, tant ils s'attendaient peu à ce qui devait arriver.

Ce n'est donc point le Comité qui a donné des ordres, ni fait exécuter la noyade en question. Goullin n'était, comme Phelippe, lorsque ce dernier fit guillotiner sans Jugement, des Vendéens amenés par la Force armée, que le porteur d'ordres de Carrier. En même temps, tout prouve que la Compagnie Marat, et les Citoyens de garde, n'ont pu, qu'au moment même de la submersion, avoir connaissance qu'elle devait s'exécuter. Mais, supposerait-on contre toute vérité, qu'ils le sussent ; on ne pourrait pas même, dans ce cas, leur en faire un crime. (1)

---

(1) « La résistance au Gouvernement Révolutionnaire et Républicain, » dont la Convention Nationale est le centre, est un attentat contre » la Liberté publique. Quiconque s'en sera rendu coupable ; quiconque » tentera, par quelque acte que ce soit, de l'avilir, de le détruire, » *ou de l'entraver*, sera puni de mort. » (Décret du 23 Ventôse, an 2.)

Phelippe, alors Président du Tribunal Révolutionnaire à Nantes, convient lui-même avoir, en exécution des ordres de Carrier, les 27 et 29 Frimaire, fait guillotiner sans Jugement, des Brigands amenés par la Force armée. Il craignit, en s'y refusant, d'être déclaré coupable de rebellion, et, comme tel, puni de mort. D'ailleurs, l'opinion générale, dans ces instans de trouble et de malheur, était, que les Représentans en mission pouvaient prononcer et faire exécuter sans nulle formalité, des mises hors la Loi. (1)

Si le Président d'un Tribunal Révolutionnaire; si le Tribunal lui-même qui a prononcé la confiscation des biens, et qui avait tout moyen de juger, a cru que Carrier avait droit de dispenser de tout Jugement; comment pourra-t-on ne pas excuser la même erreur chez ceux qui, n'ayant aucune connaissance des Loix, et dont les fonctions se bornaient à une simple exécution, auraient cru, comme Phelippe, qu'ils ne pouvaient se refuser à exécuter les ordres de Carrier?

Il y a même à cet égard une réflexion puissante: C'est qu'un Tribunal quelconque ne peut, sans commettre un crime capital, se laisser influencer, ni même céder à la crainte; le Pouvoir Judiciaire étant, de sa nature, indépendant: au lieu que la Force armée et toute Autorité Exécutrice, sont, par l'essence même de leurs fonctions, tenues d'obéir; et c'est à eux principalement que s'adresse le Décret du 22 Frimaire, an second, portant: « La Convention Nationale déclare qu'elle » ne cessera de poursuivre avec toute la sévérité des Loix » Révolutionnaires, tous les Fédéralistes, les Intrigans, les » Agens déguisés des Puissances étrangères, les Fonctionnaires » publics qui trahissent la confiance du Peuple, et tous ceux » qui, quels que soient les dehors qu'ils empruntent, entravent » ou veulent faire rétrograder la Révolution Républicaine.

(1) Voyez le Décret du 27 Mars 1793, portant: « La Convention » Nationale déclare la ferme résolution de ne faire ni paix ni trève aux » Aristocrates, à tous les ennemis de la Révolution. Elle décrète qu'ils » sont hors de la Loi; que tous les Citoyens seront armés, etc. etc. etc. »

» Elle charge expressément les Représentans du Peuple, » de faire arrêter et punir *tous ceux qui ont resisté, ou qui » pourraient résister à l'exécution des mesures prises par la » Convention Nationale,* le Comité de Salut Public *et les » Représentans du Peuple.* »

Nous ne devons pas passer sous silence, que la liste de ceux que Phelippe a fait guillotiner sans Jugement, contient des femmes et des enfans de 13 à 14 ans; et qu'il n'y avait dans la noyade de la nuit du 23 au 25 Frimaire, ni femmes ni enfans.

Comment se peut-il que Phelippe, acquitté sur l'intention, soit libre? et que celui qui, comme Phelippe, ne céda qu'aux ordres de l'Autorité qui pesait bien plus puissamment sur lui, soit encore dans les fers?

Voyons un autre chef d'accusation.

CINQUIÈME CHEF.

DILAPIDATIONS.

Nous sommes des Dilapidateurs! Quoi? le dénuement dans lequel nous existons, ne dépose-t-il rien en notre faveur? et lorsque les Témoins entendus contre nous, n'articulent aucunes dilapidations; lorsque notre probité est même par eux formellement reconnue; lorsque des Membres de la Commission, nommés provisoirement pour remplacer le Comité, d'après son arrestation, déposent que les différens Détenus qui ont obtenu leur liberté, n'ont rien trouvé de soustrait lors du lief de leurs scellés; lorsque des anciens Membres du Comité, qui, plus heureux que leurs Collègues, ont été continués dans leurs fonctions, ont affirmé, lors de leurs dépositions, qu'ils nous avaient toujours connus probes; on cherchera à nous noircir du soupçon affreux de dilapidations!

Il a été fait des dépôts au Bureau de la Compagnie Marat, et en celui du Comité, tant en armes, qu'argenterie et assignats.

Quant à ce qui regarde la Compagnie Marat, elle a,

depuis sa dissolution, rendu compte, fait le versement, et remis les pièces au soutien de chaque article, y énoncé esau Comité qui en a donné décharge, d'après la vérification qui en fut faite par des Commissaires nommés par le Comité ; et nul de ses Membres ne craint aucunes recherches ultérieures ni particulieres.

Le Comité travaillait à rendre son compte ; il avait fait imprimer le Tableau de l'argenterie jusques-là portée à la Monnoye ; il avait même remis un état sommaire des recettes et dépenses, au Représentant Bô, et déposé au District l'inventaire du linge, et autres effets; enfin, il ne demandait, le 23 Prairial, que jusqu'au premier Messidor, pour achever et rendre ses comptes.

Pourquoi donc, disent avec raison les Membres du Comité, nous incarcérer vingt-quatre heures après ? Craignait-on que nous eussions cherch à détourner les fonds qui étaient en caisse au Comité ? Mais ces fonds n'y étaient qu'en ce qu'ils formaient le résidu des dons versés dans nos mains, avec destination pour les besoins de la Cité ; et nous ignorions où nous devions en faire le versement. Nous avons même écrit à ce sujet, à la Trésorerie Nationale.

Eh bien ! dans ce cas, le Représentant du Peuple n'avait qu'à dire un mot ; il n'avait qu'à nommer des Commissaires, et devant eux on eût fait l'inventaire des fonds existans au Comité ; devant eux, on en eût de suite effectué le dépôt dans la caisse qu'il lui eût plu d'indiquer.

Voulait-on savoir s'il existait chez nous des objets dont on craignît que nous cherchassions à nous approprier ? il fallait prendre nos déclarations individuelles sur ce point ; et l'on eût été à lieu d'en reconnaître aussitôt l'exactitude, ou l'infidélité, par une visite domiciliaire ainsi ménagée, et sans que nous pussions même la prévoir.

Ou bien encore, d'après notre arrestation, il fallait nous interroger et nous demander des renseignemens sur la tenue de nos comptes, puisqu'on ne voulait pas nous en confier la rédaction.

On prétendait nous faire passer pour des Dilapidateurs. Mais pourquoi apposer le scellé sur nos caisses, s'emparer de tous nos papiers, sans appeller même un seul de nous ? Pourquoi nous retenir pendant vingt-cinq jours, au plus rigoureux secret ; nous enlever plumes et encre ; nous ôter jusqu'au moyen de profiter du silence de notre captivité, pour préparer nos moyens de défenses ?

Qu'ont appris les débats sur notre comptabilité ? C'est qu'on nous chargeait de différentes sommes, sur-tout de bijoux, en un mot, d'une dilapidation de plus d'un million ; et que des explications sorties de la bouche même de nos Dénonciateurs, ont fait disparaître cette prétendue dilapidation.

Nos comptes ont dû être rédigés par la Commission nommée par le Représentant Bô, pour les établir. Il est à croire qu'on n'a point trouvé de reproches à nous faire sur notre comptabilité ; car on n'eût pas manqué de nous en faire l'objection. Et pourrait-on prétendre nous renvoyer à des comptes, lorsqu'on a violé vis-à-vis de nous comptables, les formes les plus sacrées, et que nous n'avons plus rien pour asseoir notre comptabilité ?

Toujours est-il vrai que nous étions, lors de notre arrestation, dans le délai de rendre nos comptes, aux termes du Décret du 27 Prairial, an deuxième, qui porte, Art. Ier. :

« Tout Citoyen qui a perçu ou reçu en dépôt des sommes » en espèces ou assignats, ou effets d'or, d'argent ou vermeil, » provenantes soit *des Taxes Révolutionnaires*, Contributions, » *Saisies*, Emprunts *ou Echanges*, soit des dépouilles des » Eglises, soit des Dons volontaires, destinés à être » employés pour la défense de la Patrie, ou être versés » au Trésor public, adressera les comptes qu'il est tenu d'en » rendre, à l'Agent National du District, *avant le premier* » *Fructidor* ».

Ainsi, on ne peut nous reprocher, soit individuellement, soit collectivement, aucun retard ; encore moins nous taxer de dilapidations. Le bon sens seul dicte, en effet, que la preuve de l'exactitude d'un compte ne peut s'acquérir avant, mais seulement après qu'il a été rendu ; et que l'on n'est pas coupable, parce que l'on doit un compte ; mais seulement, lorsqu'en le rendant, on a commis des soustractions, et fait des détournemens qui prouvent la mauvaise foi.

Nous allons donc nous borner à prouver par un rapprochement succinct des opérations du Comité, qu'il n'a point porté atteinte au droit sacré des propriétés, ni une main furtive sur la fortune et l'avoir d'aucuns Détenus.

La Loi ordonnait le désarmement des gens suspects : ainsi on a dû enlever de chez eux leurs armes, d'autant mieux qu'elles étaient nécessaires pour armer la Troupe, et qu'il existe plusieurs ordres du Représentant Carrier, pour en faire la délivrance aux bons Citoyens. On en a remis à la Garde Nationale (1) et à la Commission des Armes ; et la veille de notre arrestation, le Représentant Bourbotte, pour lors en mission à Nantes, avec le Représentant Bô, se fit délivrer des pistolets et un fusil garni en argent. Tous les reçus existent au Comité.

L'argenterie armoriée devait être saisie, aux termes du Décret du 3 Brumaire, qui en prononce la confiscation. (2) Il en était ainsi de l'argenterie, bijoux, numéraire, et de tous objets trouvés enfouis ou cachés. (Décret du 23 Brumaire) (3).

---

(1) Les Nantais, toujours prêts à faire des sacrifices, avaient réarmé de leurs armes une partie de l'Armée de Mayence ; la Ville était en état de siége, et la Garde Nationale avait journellement à escorter des convois pour l'Armée.

(2) Article III : « Les Propriétaires de meubles ou ustensiles d'un » usage journalier, sont tenus d'en faire disparaître tous les signes pros- » crits, *sous peine de confiscation* ».

(3) Article Ier. : « Tout métal d'or et d'argent, monnoyé ou non- » monnoyé, les diamans, bijoux, galons d'or et d'argent, et tous autres » meubles ou effets précieux qu'on aura découverts, ou qu'on décou- » vrira enfouis dans la terre, ou cachés dans les caves, dans l'in- » térieur des murs, des combles, parquets ou pavés, âtres ou tuyaux » de cheminées, et autres lieux secrets, *seront saisis et confisqués au* » *profit de la République.* »

Si quelquefois il a paru nécessaire d'ôter à des Détenus des sommes qui pouvaient devenir dans leurs mains des moyens de séduction, l'on ne peut blâmer cette précaution exécutée par le Comité de Sûreté Générale, recommandée par Carrier, et qui était la même sur tous les points de la République. Est-il un seul Détenu acquitté, qui n'ait trouvé intactes au Comité, les sommes qui s'y déposaient devant lui, et qui étaient exactement portées au Procès-verbal d'arrestation? Ce dépôt avait-il d'autre effet, vis-à-vis des Détenus, que celui de la simple mise sous les scellés? et les Détenus n'y trouvaient-ils pas un avantage, en ce qu'ils obtenaient de suite, sur ces dépôts, les sommes dont ils pouvaient avoir besoin pour leurs dépenses journalières? A-t-il été détourné ou dénaturé un seul de ces dépôts?

Il n'a été fait aucune taxe, *mais seulement une invitation*, dont il est résulté des dons volontaires qui, versés dans les mains de la Commission de Salubrité, ont servi au nétoyement des rues. Par-tout c'étaient des monceaux d'immondices, et un bourbier empesté, qui, joints à l'épidémie et l'insalubrité des maisons de détention, ne nous laissaient plus le choix des moyens, et donnaient tout à craindre dans le cas du plus léger retard.

La Commission de Salubrité fit dans chaque maison d'arrêt les opérations nécessaires. Les immondices disparurent. On lava les rues et les places publiques; on multiplia les bras par un salaire honnête: il le fallait; car l'épidémie faisait journellement les plus grands ravages.

Quel meilleur emploi pouvait-on faire de l'argent des riches? Nous faire un crime de cette conduite, c'est nous justifier aux yeux des amis de l'humanité; et nous n'avons suivi en cela que l'intention des Donataires.

Nul n'a été forcé; les débats ne laissent entrevoir aucunes contraintes. On voit que ceux qui apportaient leurs offrandes en sentaient la nécessité; ils y avaient un intérêt personnel; il s'agissait de leur propre conservation.

Mais s'il est certain, dans le fait, que nous nous sommes bornés *à une simple invitation aux riches*, de venir au secours de la Cité : invitation que l'on dénature, pour la représenter comme une taxe et une violation des propriétés ; il n'en est pas moins constant que nous eussions pu ne pas nous borner à une simple invitation ; mais imposer et percevoir précisément des taxes, soit en assignats ou en matières d'or ou d'argent.

Le Décret du 18 Frimaire, an deuxième, porte bien : « Sur la proposition d'un Membre, la Convention Nationale » décrète que les Arrêtés des Représentans du Peuple, près » les Armées et dans les Départemens, ou des Comités » Révolutionnaires, ou soi-disant tels, et des Autorités Cons- » tituées incompétentes à cet effet, portant Taxes sur des » Citoyens dans toute l'étendue de la République, ou Réqui- » sitions de matières d'or et d'argent, demeurent nuls et sans » effet, à compter de ce jour ; (1) elle ordonne, au surplus, » l'exécution du Décret du 16 de ce mois ». (2)

Mais le Décret du 18 Frimaire a été annullé par celui du lendemain 19, qui dit : « La discussion ayant été r'ouverte » sur le Décret rendu dans la Séance d'hier, sur les Arrêtés » des Représentans du Peuple, près les Armées et dans les » Départemens, ou des Comités Révolutionnaires, portant » Taxes sur des Citoyens, ou Réquisitions de matières d'or » et d'argent ;

» La Convention Nationale *rapporte ce Décret dans toutes* » *ses parties* ».

---

(1) Ainsi cette Loi ne devait point avoir d'effet rétroactif.

(2) Il porte : « La Convention Nationale décrète que les taxes faites » sur des Citoyens, dans toute l'étendue de la République, par des » Comités Révolutionnaires, ou soi-disant tels, ou par des Autorités » incompétentes à cet effet, seront versées, pour la partie reçue, dans » le Trésor National, par les Administrations de District, chacune en » ce qui les concerne dans leur arrondissement ».

A cette Séance du 19 Frimaire, le Représentant Charlier y dit : « Que les taxes révolutionnaires, mises, soit par les » Représentans en mission, soit par les Comités Révolution- » naires, doivent avoir lieu et être maintenues ; que ces » taxes ont dû avoir pour but le besoin des Communes, et le » soulagement des pauvres ; qu'elles doivent porter sur les » Aristocrates, riches, etc. »

Nos Accusateurs diront maintenant tout ce qu'ils voudront ; il n'en sera pas moins clair que les Comités Révolutionnaires pouvaient imposer des taxes : car, rapporter un Décret qui défendait d'en imposer, c'est absolument les autoriser, et même en reconnaître formellement la nécessité. Aussi, par différens Décrets, notamment par celui du 27 Prairial, an deux, la Convention ne déclare-t-elle point nulles, encore moins vexatoires, les taxes mises par les Comités Révolutionnaires ; elle regle seulement la manière d'en rendre compte. Et eût-elle ordonné le versement du montant de ces taxes au Trésor Public, si elle les eût regardées comme illégitimes, et une violation du droit de propriétés ?

Il y a plus ; c'est que cette marche nous avait été tracée et même recommandée par les Représentans du Peuple, et au sein de la Société Populaire, qui provoqua elle-même la levée des taxes sur les riches. Le Citoyen Laënnec, qui, très-certainement ne sera point soupçonné d'avoir voulu favoriser le Comité, a, ainsi que plusieurs autres, affirmé la vérité de ce fait qui, d'ailleurs, peut aisément se justifier sur les registres de la Société.

Nos Accusateurs ont dit que le Comité avait envoyé d'autorité chez les Citoyens, pour une levée de draps, matelas, chemises, couvertures, habits, et autres objets ; et ils ont traité cela de spoliation. Eclaircissons ce fait, et disons en quel temps, comment et par qui cette levée a été exécutée.

Nos Frères d'armes, échappés à la fureur des Brigands, arrivaient, couverts de blessures ; les autres, dénués de vêtemens, au milieu du plus grand froid, périssaient et ne pouvaient soutenir le bivouac : c'était sûrement bien là le moment de mettre en réquisition la sensibilité de nos Concitoyens. En même temps, des réclamations se firent à la Société Populaire, en présence des Représentans du Peuple, par plusieurs de nos Frères d'armes qui y firent part de la situation cruelle où se trouvait l'Armée, et dirent que les Directeurs des Hôpitaux avaient le plus pressant besoin de matelas, draps, couvertures et chemises. Ils les demandaient pour des Défenseurs de la Patrie, amenés dans des ambulances, et presque expirans. On se leva spontanément, et des Commissaires furent nommés pour se porter chez les différens Citoyens aisés, et procurer les objets indispensables du moment.

Ainsi, cette levée fut moins l'ouvrage des Autorités Constituées, que celui du Peuple qui en reconnut le besoin et l'exécuta sous la surveillance de la Municipalité (1).

Si à ces occasions il a été commis quelques défauts de forme, pourra-t-on réussir à en tirer des conséquences dont tous les faits par ailleurs prouveraient la fausseté ? Car, de tous les Témoins entendus, il n'y en a pas un seul qui charge

---

AU NOM DU COMITÉ RÉVOLUTIONNAIRE.

« Les Citoyens Commissaires nommés à cet effet, sont requis, d'après » les ordres des Représentans, et le besoin urgent, de se transporter à » l'instant chez les Fripiers de cette Ville ; d'y relever l'état de tous » vêtemens qu'ils jugeront propres à couvrir nos Frères d'armes ; ils en » dresseront inventaire double : l'un restera en mains du Fripier ; l'autre » sera déposé à la Société Populaire : ils feront du tout un lot, que » chaque Fripier sera tenu de faire rendre à la Chambre de lecture » de ladite Société Populaire.

» Trois Experts nommés feront l'estimation desdits vêtemens.

» Les Citoyens Louis Naux et Chevalier, Membres du Comité Révo- » lutionnaire, délivreront, d'après l'estimation des Experts, des Bons » payables sur la Caisse qu'indiqueront les Représentans du Peuple.

» En Comité Révolutionnaire, le 19 Nivôse, l'an deux de la Répu- » blique, une et indivisible ».

Signés, GRANDMAISON, PROUST, aîné, etc.

de la plus légère dilapidation, soit les Membres du Comité, soit les Soldats de la Compagnie Marat, non plus que les Commissaires qui ont succédé à ces derniers; et même les Citoyens Vic et Gallon, tous deux ex-Commissaires du Comité, ont été acquittés, et le fait n'a pas été déclaré constant contre eux. Cependant, on doit se rappeller, sur-tout contre Gallon, que cela formait l'unique chef d'accusation, comme étant celui qui était le plus particulièrement préposé aux liefs et reconnaissances des scellés.

Il est même facile de prouver que les liefs des scellés, sur lesquels nos ennemis prétendaient appuyer contre nous leurs accusations en spoliation, nous sont absolument étrangers.

On a mis en avant le Tuteur et la Gouvernante (elle s'est qualifiée ainsi) des mineurs Thoinet; mais, malgré la tournure des dépositions de nos Dénonciateurs, et toute la passion qu'ils ont mis à essayer de nous noircir, il est demeuré constant que ce n'est pas le Comité; qu'au contraire, c'est l'Administration du District, qui a envoyé, à différentes fois, chez le Citoyen Thoinet, et autres Négocians, lever et réapposer les scellés, en exécution de différens Décrets de la Convention, et pour des objets d'utilité publique.

On a aussi dit que Mouquet, Membre de la Compagnie Marat, avait enlevé d'autorité, des sucres, cafés, indigos, et autres marchandises, chez tous les Négocians, sans faire ni prix, ni pesée. Mais aussitôt il a été reconnu que le Citoyen Mouquet n'était ni Membre de la Compagnie Marat, ni chargé d'aucuns ordres de la part du Comité; qu'il avait été envoyé par l'Administration des Subsistances de Paris, pour mettre les marchandises en réquisition; que ce n'était point au Comité qu'il rendait ses comptes; qu'il ne leur exhiba même pas ses pouvoirs, mais bien à l'Administration du District; et le Comité n'avait et ne pouvait avoir sur lui aucune surveillance.

Terminons cet article par une simple réflexion. Le crime ne se présume jamais. Ainsi, il faut, pour établir une spoliation, prouver, non de simples défauts de forme, mais une véritable soustraction, un détournement criminel; sur-tout il ne faut pas perdre de vue, que le Comité Révolutionnaire de Nantes n'était point composé de plumistes; que les trois quarts de ses Membres étaient de simples Ouvriers peu propres à une Administration; mais au lieu de connaissances sur les formes judiciaires, ils apportèrent une probité la plus intègre, et le désir soutenu et actif de faire le bien, de sauver la Patrie. Cela vaut sans doute bien la froide régularité et la marche en mesure d'un plumiste.

Nous ne donnons là qu'une faible esquisse de notre justification. Nous laissons bien des choses à désirer. Mais jusqu'à présent, dans l'impuissance de fournir aux frais d'une défense imprimée, nous sommes même dans l'incertitude d'y réussir; en sorte que nous abrégeons. Nous retranchons, ne pouvant mieux faire.

Nous en venons donc de suite au Décret du 2 Floréal, an trois, qui porte : « Les Accusés dénommés dans le Jugement » du Tribunal Révolutionnaire, du 26 Frimaire dernier, *et* » *déclarés convaincus sur les faits*, seront, à l'exception de » l'Adjudant-Général Lefaivre, et autres compris dans le second » Décret du 22 Vendémiaire, aussi dernier, traduits en état » de prévention, devant le Jury d'Accusation du Tribunal du » District d'Angers, *pour être examinés sur le délit ordinaire*, » et en cas d'accusation, jugés par le Tribunal Criminel du » Département de Mayenne et Loire. Décrète, en outre, » que Lefaivre et consorts, dénommés au Décret du 22 Vendémiaire, seront à l'instant mis en liberté ».

La première réflexion qui se présente, c'est de demander pourquoi le Décret ne traduit-il que les Accusés déclarés convaincus sur les faits? Y aurait-il une différence entre le cas où l'Accusé n'a pas été déclaré convaincu du fait, et celui où, en exécution du Décret du 23 Thermidor, an deux, le Jury a déclaré l'intention dans laquelle le fait a été commis, et qu'elle se trouve n'être ni méchante, ni criminelle, ni contre-révolutionnaire?

Sur quoi fonderait-on cette différence? Les Articles I et II du Titre VIII de la Loi sur la Procédure par Jurés, n'en établissent aucune; et l'Article III dit, en parlant de l'un comme de l'autre cas, que : « *Tout particulier ainsi acquitté,* » *ne pourra plus être repris, ni accusé pour raison du même* » *fait* ». Les Art. LXVII et LXVIII de la Loi du 8 Nivôse, an 3, ne font également aucunes différences entre l'Accusé non-convaincu, et le cas où les Jurés ont déclaré que le fait a été commis involontairement et sans mauvaises intentions.

Nous n'étions plus au temps du Décret du 29 Frimaire, Art. XXIV, qui portait : « Il ne sera point posé de question » intentionnelle sur les faits articulés dans les débats ». Et Art. XXV : « Il ne sera admis d'autre excuse de la part du » Réclamant, que celle de la violence ou force majeure ». Une Loi précise avait rétabli la question intentionnelle; et des Patriotes qui, au fond, n'auraient commis d'autres crimes que celui d'obéir à une Autorité légitime et irrésistible, puisqu'elle tenait ses pouvoirs et commandait au nom de la Convention; d'ardens et sincères amis de la Révolution, qui voulurent la soutenir ou périr avec elle, et qui, en tout ce qu'ils ont fait, n'ont absolument eu d'autres vues que de servir la Patrie; seraient-ils les seuls qu'on n'ait pu légitimement acquitter sur l'intention?

N'est-ce pas précisément parce que le fait a été déclaré constant, que la question intentionnelle a dû avoir lieu? Ne répugne-t-il pas de croire que le Jury du Tribunal Révolutionnaire n'eût eu qu'à prononcer sur la non-conviction du fait, et nullement sur l'intention, lorsque la Loi lui ordonne expressément de statuer sur l'intention, toutes les fois que le fait sera déclaré constant? Il devient donc impossible que le Jugement du 26 Frimaire, soit définitif et inattaquable vis-à vis des non-convaincus du fait, et qu'il puisse être annullé vis-à-vis ceux non-convaincus sur plusieurs faits, et sur les autres Acquittés par la question intentionnelle?

On se demande ensuite : Pourquoi avoir excepté l'Adjudant-Général Lefaivre, et autres compris dans le second Décret du 22 Vendémiaire (1)?

Est-ce parce qu'il y a un Décret positif, qui accorde au Tribunal Révolutionnaire la connaissance du fait dont ils étaient accusés? (car ils ont, comme nous, été acquittés seulement sur l'intention.) Mais nous sommes dans le même cas. Nous avons été traduits par le Représentant Bô; et la Convention, par son Décret rendu à la même Séance du 22 Vendémiaire, y a donné sa sanction, en ordonnant au Tribunal Révolutionnaire de suivre, sans discontinuer, le procès des Membres du Comité Révolutionnaire de Nantes, et d'en rendre chaque jour compte au Comité de Sûreté Générale. Ainsi, notre position est la même que celle de l'Adjudant-Général Lefaivre.

Serait-ce parce que la Force armée est essentiellement obéissante? Mais n'avons-nous pas aussi des Loix, on ne peut plus formelles, qui nous plaçaient sous le coup de l'obéissance? La Compagnie Marat n'a-t-elle pas été formée comme Compagnie Révolutionnaire; et, à ce moyen, assujettie aux mêmes Loix que tout autre Militaire? De son côté, le Comité n'était-il pas une Autorité exécutrice? Ne fût-il pas devenu coupable, en s'opposant, en entravant, ou se refusant à exécuter des mesures de sûreté publique; ou du moins que les Représentans en mission lui donnaient comme telles? N'est-ce pas à la Convention que le Peuple a confié le droit sacré de déterminer et d'ordonner les mesures qui doivent sauver la Patrie? Et si une Autorité Administrative fût devenue coupable par sa résistance, à combien plus forte raison en serait-il ainsi d'une Autorité simplement exécutrice!

La position des Militaires, comme celle des Administra-

(1) En voici le dispositif : « La Convention décrète que l'Adjudant » Lefaivre, Commandant à Paimbœuf, Macé et autres, prévenus d'avoir » fait noyer, par ordre arbitraire, quarante-une personnes, seront arrêtés » et conduits au Tribunal Révolutionnaire de Paris, pour y être jugés ».

teurs, et sur-tout des Comités Révolutionnaires, que leurs fonctions plaçaient plus immédiatement sous la main des Représentans, était infiniment embarrassante. Le Décret du 8 Avril 1793, dit, en parlant des Représentans du Peuple, députés vers les Armées : « Ils prendront toutes les mesures » de salut public, que les circonstances pourraient nécessiter ; » à la charge d'en instruire aussitôt la Convention. »

La cruelle flatterie savait, sous le règne de nos Tyrans, rejetter sur les Agens secondaires, toute l'horreur des Loix que le besoin de conserver leur odieuse puissance, les forçait à rendre. Et l'on appaisait ainsi les mécontens. (1) Infernale politique ! fuis loin d'un sol éclairé par la Liberté ; vas te réfugier dans les antres ténébreux du Despotisme : c'est seulement là où tu peux espérer consommer tes horribles sacrifices.

Quoi donc ? ne se rappelle-t-on plus ce qu'était le Gouvernement Révolutionnaire ? A-t-on oublié l'autorité, la toute-puissance qu'avaient les Représentans en mission ; cet enthousiasme, ce fanatisme de la Liberté, qui purent aisément, sur-tout au moment de la plus forte compression, égarer, dans ces circonstances toutes aussi alarmantes que difficiles, et entraîner bien des Patriotes de bonne foi, qui, en exécutant les mesures que leur présentait la vraie Puissance

(1) Voilà comment, en tout cela, le fort coupable cherche à se sauver aux dépens du faible innocent. Carrier qui avait transmis à son Collègue Bô la dénonciation de Phelippe contre nous ; Carrier qui en avait imposé à la Convention, en contestant les ordres qu'il avait donnés, et en rejettant tout sur le Comité de Nantes, crut qu'il était de son honneur de persister dans son abominable mensonge ; il regarda comme un repentir tardif, les remords de sa conscience ; il ne se reprocha ce qu'il avait fait, que pour s'excuser de ce qu'il allait faire ; aggravant les torts du passé, il en regarda l'avenir comme une suite nécessaire. Il ne se disait pas : « Rien n'est fait encore ; et tu peux, en avouant » la vérité, être innocent, si tu veux. » Mais il se disait : « Gémis » du crime dont tu t'es rendu coupable, et que tu t'es mis dans la » nécessité d'achever. »

ordonnatrice, pensèrent que ces mesures étaient légitimes et nécessaires ; que d'ailleurs ils n'avaient pas le droit de résister ; disons plus, parce qu'ils ont craint de compromettre la Chose publique, par une résistance indiscrète à l'impulsion du mouvement révolutionnaire?

Si, dans un mouvement populaire, ceux qui ont été trompés par des gens qui semblaient mériter leur confiance, ont dû être innocentés sur l'intention ; comment prétendrait-on punir ceux qui ne se seraient égarés que sous les ordres, ou d'après l'impulsion de Députés munis d'une autorité sans bornes, et dont les coups ne leur parurent dirigés que contre les ennemis de la Patrie ! (1)

Revenons au Décret du 2 Floréal. Sommes-nous renvoyés pour être examinés de nouveau sur les mêmes faits qui ont servi de base à la déclaration du Jury, aux fins de laquelle nous avons été acquittés ? Ou bien : La Convention ne nous renvoie-t-elle devant le Jury d'Accusation d'Angers, que pour examiner et décider si nous avons effectivement été jugés sur tous ces mêmes faits ?

Le principe, que la décision d'un Jury est inattaquable et sacrée ; que nulle Puissance n'a le droit d'interroger, encore moins de forcer la conscience des Jurés, a été formellement reconnue par la Convention ; et c'est pourquoi les Acquittés par le Jugement du 26 Frimaire, ne doivent être examinés que sur le délit ordinaire.

Non ; la Convention n'a point entendu porter atteinte à la déclaration du Jury : mais, tout en reconnaissant que nous avions été absolument et définitivement jugés sur les délits contre-révolutionnaires, quelques Membres ont élevé des

(1) Lorsqu'un Décret portait qu'il ne serait point fait de Prisonniers Anglais et Hanovriens, celui qui exécutait cette Loi ne commettait aucun crime. Qu'eût-on même dit alors de celui qui eût épargné un ennemi qui, comme les Brigands, eût fait journellement fusiller, mutiler, torturer ses Prisonniers ?

doutés ; et la Convention a cru devoir renvoyer au Jury d'Accusation d'Angers, pour examiner si nous avions également été jugés sur le délit ordinaire.

Ce fait bien reconnu et bien éclairci, je demande : Qu'est-ce qu'un délit contre-révolutionnaire ? Il faut bien que je le détermine, puisqu'il est reconnu que nous sommes absolument acquittés sur cette espèce de délit. (1)

Tout ce qui porte atteinte à la Liberté et à la Souveraineté du Peuple, et qui tend à opérer la contre-révolution, soit en exaspérant le Peuple par des mesures outrées, et qui dégénèrent en une véritable tyrannie ; soit en entravant, en paralysant, en opposant une coupable résistance sur des mesures de sûreté, dont on prétendrait mal-à-propos s'établir le juge, lorsqu'on est au contraire tenu à une stricte obéissance ; tout abus de pouvoirs, toutes concussions, toutes vexations, on pourrait dire tout délit commis dans l'exercice de ses fonctions, par un Fonctionnaire public chargé de l'exécution des mesures révolutionnaires, sont matériellement, et sitôt que l'intention est prouvée criminelle, ce qu'on appelle des délits contre-révolutionnaires.

Ainsi, un délit contre-révolutionnaire l'est par la nature même de l'action ; en sorte que ce n'est pas l'intention contre-révolutionnaire qui détermine nécessairement la qualité du délit ; c'est le fait même qui la lui donne.

Pour juger un délit contre-révolutionnaire, il faut donc, comme pour un délit ordinaire, d'abord s'assurer du fait, ensuite juger l'intention.

Ce n'est donc que d'après que l'on s'est assuré que l'intention est absolument criminelle, qu'on est à lieu de décider s'il y a eu, ou non, une intention contre-révolutionnaire.

---

(1) Je n'ai pas besoin de définir le délit ordinaire. Son nom seul indique que c'est celui qui ne tient point à la Révolution ; en sorte qu'il a nécessairement pour base un sentiment ou motif particulier, et auquel on ne peut absolument lier, soit la haîne, soit l'enthousiasme du fanatisme de la Révolution, encore moins l'exécution forcée de mesures de sûreté.

Il serait donc contre tout principe, de dire que l'intention n'a pas été criminelle, parce qu'il a été reconnu qu'elle n'a pas été contre-révolutionnaire. Il faut au contraire dire : L'intention n'a pas été jugée contre-révolutionnaire, parce que le Jury n'a pas vu qu'elle fût criminelle.

Il est donc impossible de séparer et distinguer sur un même fait, et le délit ordinaire, et le délit contre-révolutionnaire ; en ce sens qu'on puisse soumettre d'abord à un Tribunal d'attribution la question sur l'intention contre-révolutionnaire; et ensuite si ce premier Tribunal acquitte le Prévenu, le renvoyer devant un autre Tribunal, sous prétexte d'un délit ordinaire, qui n'est rien autre chose que celui sur lequel le Prévenu a déjà été acquitté.

Au fond, qu'est-ce qui dut convaincre les Jurés que nous n'eûmes point des intentions criminelles ?

C'est l'existence bien connue des ordres donnés par Carrier ; l'obligation où nous fûmes d'y obéir, et d'exécuter les mesures qu'il ordonna pendant sa mission ; cette intime persuasion où nous fûmes que ces ordres émanaient de la Puissance Nationale, à laquelle nous ne pouvions résister sans crime et même sans danger pour la Chose publique. Ce sont les preuves multipliées de notre désintéressement et de notre attachement à la Révolution. C'est l'empressement, l'acharnement que nos ennemis mirent à nous poursuivre. C'est ce système infernal et machiavélique, qui voulut, dès le principe, nous sacrifier, pour sauver Carrier. C'est notre franchise, cette imperturbable sécurité que nous donnaient la pureté de nos intentions et l'attitude impartiale du Jury. C'est l'impuissance où furent nos Dénonciateurs eux-mêmes, de préciser aucunes dilapidations ; d'articuler aucun fait qui tendît à faire présumer contre nous le moindre sentiment de haîne ou de vengeance particulière. C'est la force des Décrets, et l'impossibilité où l'on sera toujours de disconvenir qu'il fut un temps où l'on regarda de bonne-foi les mesures de rigueur, comme indispensables au salut de la Patrie. C'est sur-tout parce que les Jurés eurent le courage de se dire à eux-mêmes : « La Convention Nationale n'a pas hésité à dire » qu'elle fut dominée ; que souvent le Comité despote lui » arracha des Loix qu'elle rejettait au fond de son cœur. » Mais alors le Peuple, confiant et soumis, ne voyait que les » Loix de ses Représentans. A combien plus forte raison ne pou- » vons-nous pas nous dispenser d'excuser, de ne voir aucunes » intentions criminelles dans ceux à qui la Loi fit un devoir de » l'obéissance, et défendit d'opposer la moindre résistance, » qu'elle qualifiait d'un crime de trahison au prémier chef ! »

Oui, c'est d'après ces principaux motifs que nous fûmes acquittés. Ainsi disparurent, et le délit ordinaire, et le délit contre-revolutionnaire.

Achevons la conviction, et disons : Si, dans le Jugement du 26 Frimaire, on eût posé séparément chaque question relative à l'intention, et fait sur chacune d'elles une déclaration distincte et séparée par tous les Jurés qui avaient fait une déclaration affirmative sur le fait de l'accusation et sur l'auteur :

Si, par exemple, lorsqu'il était question d'un homicide, qui n'acquiert la qualité d'assassinat que d'après la décision ultérieure du Jury, on eût demandé simplement au Jury, au terme de l'Art. III du Tit. II du Code Pénal : « L'homicide » est-il légal? a-t-il, ainsi que le porte l'Art. IV du même » Titre, été ordonné par la Loi, et commandé par une » Autorité légitime? » Ou bien, suivant l'Art. V : « L'ho- » micide est-il légitime? a-t-il, comme le porte l'Art. VI., » été indispensablement commandé par la nécessité actuelle » de la légitime défense de soi-même, ou d'autrui ; ce qui » est bien plus, de la Patrie ? »

Si, d'après qu'un Accusé a été déclaré convaincu de s'être approprié des pièces d'argenterie, prises chez les Citoyens arrê- tés comme suspects, on eût demandé : N'a-t-il fait qu'échanger au bureau du Comité ces pièces d'argenterie contre d'autres pièces de même nature, et poids pour poids? (1) Avait-il jusqu'à la reddition des comptes, pour rapporter ces pièces?

---

(1) Cet échange parut sans inconvénient, en ce que le Décret du

N'est-il pas prouvé que telle était son intention; que son arrestation inattendue a empêché qu'il l'effectuât ? Les Témoins n'ont-ils pas affirmé qu'il jouissait de la réputation d'une probité la plus intacte ? (1)

Si, relativement à celui convaincu d'avoir tué des enfans qui gardaient leurs bestiaux, on eût demandé : N'est-il pas appris que les Brigands se servaient de femmes et d'enfans, et les envoyaient en sentinelles perdues ? N'ont-ils pas fait souvent assassiner nos Troupes Républicaines ? Ces espions n'étaient-ils pas d'autant plus dangereux, qu'ils avaient toujours l'air d'être à garder leurs bestiaux ? N'est-il pas constant que les deux enfans en question n'ont été tués que parce que les voyant fuir derrière une haie, et aller avertir les Brigands, on se détacha pour les empêcher d'exécuter leur coupable dessein ? Le combat n'était-il pas déjà engagé ? Le corps de la Troupe des Brigands n'était-il pas à peine à deux portées de fusil du lieu où étaient les enfans ? (2)

Si, enfin, on eût établi et analysé dans le Jugement du 26 Frimaire, les principaux moyens de notre défense, serait-il possible de disconvenir que nous avons été très-définitivement et très-absolument jugés sur tous les délits sur lesquels on prétend aujourd'hui, en violant toutes les Loix, pouvoir recommencer contre nous une nouvelle procédure criminelle ?

---

26 Pluviôse, an 2e., Sect. IV, Tit. I, Art. I, porte : « Toutes » les matières d'or et d'argent, envoyées à Paris, y seront fondues et » converties en lingots. » Le poids de ces pièces et le bordereau en furent faits par le Secrétaire du Comité, chargé de ce détail.

(1) C'est une erreur, sans doute involontaire, de la part du Rapporteur du Comité de Législation, quand il donne à entendre que Pinard, convaincu d'avoir volé 4800 liv. à la famille la Bauche, a été acquitté. Il a, au contraire, été condamné. Ainsi, loin que cette citation prouve que le Tribunal n'a pas jugé ce qu'on appelle le délit ordinaire ; il en résulte au contraire qu'il l'a jugé contre ceux dont les intentions ont été reconnues criminelles. Ce Pinard ne fut jamais ni Membre, ni Agent du Comité ; il était attaché à l'Armée.

(2) Cet évènement passé à l'Armée, n'a aucun trait avec le Comité.

Pourquoi ne l'a-t-on pas fait? C'est que nul n'ayant le droit de sonder la conscience des Jurés, ces détails devenaient inutiles. Ainsi, dans la rigueur des principes, et du côté des faits, il devient impossible de porter atteinte à l'institution des Jurés, en nous livrant à un nouveau Jugement.

Le Pouvoir Judiciaire est absolument distinct et indépendant du Pouvoir Législatif. Nulle puissance, nulle crainte, et même nulle violence, ne peuvent excuser des Juges, et sur-tout entraîner un Jury à commettre le crime atroce de se laisser influencer, dominer, ou forcer sa conscience. Ainsi, il suffit que le Jury voye clairement, en rapprochant les faits portés en l'acte d'accusation, d'avec les dispositions textuelles du Jugement du 26 Frimaire, et le Décret du 22 Vendémiaire, postérieur à ce même acte d'accusation, que nous avons été absolument jugés sur tous les faits, pour qu'il ne puisse, contre les dispositions formelles de la Loi, se prêter à prononcer qu'il y ait lieu à accusation contre nous, pour des faits sur lesquels nous avons bien positivement et bien légalement été acquittés.

Gardons-nous de croire que la Convention ait, par son Décret du 2 Floréal, adopté l'opinion du Rapporteur du Comité de Législation; par laquelle il prétend que le Tribunal Révolutionnaire était incompétent pour nous juger sur les délits ordinaires. Aussi ce Décret ne porte-t-il rien à cet égard.

Et comment lui supposer une semblable intention? Nous avons été jugés par un Tribunal où nous n'avions aucuns moyens d'appel, pas même de recours en cassation. Le Tribunal qui nous jugea n'eût donc eu que le droit de nous condamner, et non celui de nous absoudre?

Quelle eût été notre position? L'acte d'accusation portait sur tous les délits. Si nous eussions prétendu ne devoir être jugés que sur les délits révolutionnaires, ne nous eût-on pas opposé, et l'usage du Tribunal, et l'Arrêté du Représentant Bô, qui nous envoye au Tribunal Révolutionnaire? Notre acte d'accusation ne dit-il pas expressément qu'il a été rédigé d'après les faits portés dans la lettre du Représentant Bô, écrite à l'Accusateur public, en lui envoyant les Accusés? Le Décret du 22 Vendémiaire « ordonne de suivre sans discontinuer le » procès des Membres du ci-devant Comité Révolutionnaire » de Nantes, *et d'en rendre compte au Comité de Sûreté » générale*, afin qu'il puisse proposer à la Convention les » mesures que la justice pourrait exiger. »

N'est-ce pas là une confirmation de l'envoi en jugement, fait par le Représentant Bô? Ainsi notre exception à cet égard, eût été inutile ; nous n'en eussions pas moins été condamnés, si nos intentions eussent pu être jugées criminelles. (1)

Il est vrai que la Loi du 8 Nivôse, an 3e., relative à l'organisation du Tribunal Révolutionnaire, Titre V, Art. XXXVI, porte :

« Lorsqu'une même personne sera prévenue à la fois de » délits contre-révolutionnaires et de délits ordinaires, l'acte » d'accusation *ne portera que sur les premiers ;* (mais, dans » notre espèce, il portait sur les uns comme sur les autres) » et si elle en est acquittée par le Tribunal Révolutionnaire, » ou condamnée à une peine moindre que celle à infliger » aux délits révolutionnaires, elle sera renvoyée devant le » Tribunal Criminel, ou de Police Correctionnelle, auquel » appartient la connaissance des autres ». (2)

---

(1) La première pièce qui certainement aura été communiquée, a dû être l'acte d'accusation. Or, le Comité de Sûreté Générale a-t-il proposé à la Convention d'en distraire ce qui était relatif aux délits ordinaires? et ne le faisant pas, n'en résulte-t-il pas bien clairement que l'intention était alors que le Tribunal Révolutionnaire jugeât absolument tous les délits portés en ce même acte d'accusation?

(2) Ici le Tribunal a jugé tous les délits ; et il est à remarquer que la Loi du 10 Mars 1793, portait : « Et lorsque les délits qui demeureront » constans, seront de la classe de ceux qui devaient être punis des » peines de la Police Correctionnelle ; (Notez que tout délit contre-révolutionnaire emporte la peine de mort.) » le Tribunal prononcera » les peines, sans renvoyer les Accusés aux Tribunaux de Police. » Cette Loi ne limitait donc pas les fonctions du Tribunal aux seuls délits contre-révolutionnaires.

Mais cette Loi ne peut avoir aucun effet rétroactif, sans prendre une teinte de tyrannie ; et il est visible qu'elle n'eût pas ordonné de ne porter dans l'acte d'accusation que les délits contre-révolutionnaires, si elle n'eût eu pour objet de détruire ce qui se faisait jusques-là, et d'empêcher qu'à l'avenir, dans ce Tribunal, un Accusé fût jugé sur tous les délits dont il était prévenu. C'est par ce même motif qu'elle ôte au Tribunal Révolutionnaire l'application des peines de Police Correctionnelle, pour lui marquer plus positivement qu'il doit se borner à la stricte connaissance des délits contre-révolutionnaires.

Envisageons un peu la différence qu'il y a entre ceux traduits au Tribunal Révolutionnaire, depuis la Loi du 8 Nivôse, qui ordonne de ne juger que sur le délit contre-révolutionnaire ; et nous, qui y étions traduits avant cette Loi, qui devions être, et qui avons été jugés, et sur les delits contre-révolutionnaires, et sur les délits ordinaires. (1)

Ceux jugés postérieurement à la Loi du 8 Nivôse, ne l'ont été que sur le délit contre-révolutionnaire. Ainsi, vis-à-vis d'eux, ce n'est point, comme vis-à-vis de nous, porter atteinte à la Loi qui veut que tout homme acquitté sur un délit, ne puisse être remis en jugement sur ce même délit. D'ailleurs, toute l'instruction s'étant bornée au délit contre-révolutionnaire, l'amalgame de l'un et de l'autre délit, n'est point venu compliquer, et souvent même disgracier leurs causes.

Au lieu que nous qui avons été jugés avant le 8 Nivôse, nous avons eu à nous défendre sur ces deux délits à-la-fois : notre position a donc été bien plus compliquée, bien plus embarrassante ; et par dessus tout, c'est que nous avons couru les risques d'une condamnation capitale, à raison des mêmes délits sur lesquels on voudrait que nous fussions jugés de nouveau.

Qu'on réfléchisse sur la nature de l'accusation. Ce sont des

(1) Nous verrons ci-après une Loi précise qui autorisait les Représentans du Peuple en mission à traduire au Tribunal Révolutionnaire, pour fait de dilapidation.

menées et intelligences auxquelles on déclare que nous avons participé. Ainsi, le moindre délit, fût-il le plus léger vol ou détournement ; à plus forte raison, tout acte d'homicide, arrestations arbitraires, taxes vexatoires, etc. ; l'ordre même du 15 Pluviôse, quoiqu'il ne fût qu'une autorisation pour un transférement, donnée à un Commissaire nommé par la Municipalité à qui la Loi confie la police des prisons ; et quoiqu'il soit de fait que ce transférement n'a pas eu lieu ; qu'il ne fut qu'un pur objet de police, et ne concernait que quelques mutins qui avaient troublé l'ordre : tous ces actes ayant été liés à cette accusation ; le Jury déclarant que nous étions convaincus d'y avoir participé par un seul acte ; il suffisait pour faire prononcer contre nous la condamnation de mort : car, dès que notre intention eût été jugée criminelle, cela suffisait pour qu'elle fût contre-révolutionnaire, puisqu'elle nous rendait auteurs ou complices de ces mêmes menées et intelligences.

Ecarterait-on toutes ces considérations et le simple bon sens lui-même, qui ne veut pas qu'on puisse chercher des délits ordinaires dans des actes qu'on présente comme des abus d'autorité, commis dans l'exercice de leurs fonctions, par des gens que la Loi chargea de l'exécution des mesures révolutionnaires? on ne réussirait du moins pas à écarter une Loi très-précise, et qui donne au Tribunal Révolutionnaire nommément la connaissance des dilapidations. (1)

Le Décret du 30 Avril 1793, relatif aux Représentans du Peuple envoyés en qualité de Commissaires de la Convention, dans les différens Départemens de la République, et auprès des Armées, porte, Art. XV :

---

(1) Voilà pourquoi la Loi du 8 Nivôse, Art. III, en parlant des Tribunaux Criminels, dit : « Ils connaîtront, en outre, *exclusivement*, » de tous les vols et dilapidations de deniers ou effets Nationaux. » Cette expression *exclusivement* prouve assez qu'il n'en était pas ainsi dans le principe.

« Ils prendront toutes les mesures pour découvrir, faire » arrêter les Généraux, et faire arrêter, traduire au Tribunal » Révolutionnaire tout Militaire, Agent civil, et autres Ci- » toyens qui auraient favorisé ou conseillé un complot contre » la liberté et la sûreté de la République, ou qui auraient » machiné la désorganisation des Armées et Flottes, *et dila-* » *pidé les fonds publics* ».

Nous avons donc pu et dû être jugés sur des dilapidations qui n'existèrent jamais que dans la tête de nos Accusateurs. Nous l'avons donc été d'une manière définitive et irrévocable, par un Tribunal qui en avait le droit.

Ce n'est point à un Tribunal Criminel qu'on nous envoie, mais à un simple Jury d'Accusation ; non pour être jugés, mais examinés sur le délit prétendu ordinaire : ce n'est point pour réviser la procédure, mais seulement pour vérifier si, ou non, il devient possible, sans violer toutes les Loix, de nous remettre en Jugement.

S'il en était différemment, ce serait une véritable surprise faite à la Convention, qui n'entendit jamais autoriser, ni vis-à-vis nous, ni vis-à-vis de tous les autres, la violation de la Loi la plus sacrée, celle qui assure le triomphe de l'innocence, en rendant inattaquable tout Jugement rendu d'après une instruction par Jurés.

Finissons par dire un mot de Carrier.

Nous le voyons actuellement ; mais le sombre du danger ne nous le permit pas alors. Carrier n'était point propre à une mission où il eût fallu savoir allier à propos la fermeté à l'indulgence. Il voulait être obéi de suite ; il n'y avait pas à lui répliquer ; il était très-difficile, et sur la fin il fut impossible d'avoir avec lui des explications ; il avait été à la tête de nos Troupes dans la Vendée ; il y avait vu commettre, sous ses yeux, les horribles cruautés que les Rebelles exerçaient contre les Patriotes ; il crut que les Brigands et les Conspirateurs ne méritaient aucuns ménagemens ; que toute modération de sa part serait un crime ; il crut tout sauver par une excessive rigueur; et, pour éviter un extrême, il tomba dans un autre.

Ce fut ainsi qu'il entraîna dans l'abyme beaucoup d'ardens Patriotes qui, fidelles à leurs sermens, ralliés à la Représentation Nationale, entraînés, fanatisés par Carrier, ne virent dans les ordres dont on leur commanda l'exécution, rien que des mesures de sûreté : ils crurent que Carrier se renfermait, comme il l'annonçait, dans les ordres qu'il tenait de la Convention. Les Loix n'avaient point fixé de lignes ou bornes révolutionnaires : ainsi, les pouvoirs et mouvemens révolutionnaires, étant illimités, celui qui n'agissait que secondairement, et qu'entraînait la véritable Puissance motrice, n'a pas pu devenir coupable, lorsque, comme le Soldat resserré dans les rangs, il n'a fait qu'obéir, que céder à une Autorité irrésistible, et qui était pour lui une vraie force majeure.

C'est ici le dernier ressort de l'Aristocratie, et sur lequel elle compte le plus. Qui a fait la Révolution? Le Patriote. Qui peut la conduire à sa fin? Le Patriote. Comment le peut-il? En se ralliant à la Représentation Nationale. Loin donc de seconder, hâtez-vous de déjouer, de démasquer les haînes du Royalisme. Protégez les Patriotes; excusez le zèle trop ardent de quelques-uns, parce qu'il fut un temps où, loin de le contenir, on l'excita au nom puissant du danger de la Patrie.

BACHELIER.

Angers, le 21 Messidor,
l'an 3 de la République
Française, une et
indivisible.

www.ingramcontent.com/pod-product-compliance
Ingram Content Group UK Ltd.
Pitfield, Milton Keynes, MK11 3LW, UK
UKHW020353250726
13967UKWH00005B/2270